추억의 컬러링북 / 나만의 Q & A

나는 이런 거 하고 논다

초판 1쇄 인쇄 _ 2016. 4. 22
초판 1쇄 발행 _ 2016. 4. 27

지은이 _ 김윤정
그린이 _ 황정원
발행인 _ 정재형
발행처 _ 엠아이북스

출판신고 _ 2009년 5월 8일 제301-2009-096호
주소 _ 서울시 중구 서소문로38 127호(중림동, 대우디오센터)
대표전화 _ 02-2128-0353
팩스밀리 _ 02-2128-0352
이메일 _ micom114@naver.com

ISBN 978-89-968636-1-8

어른을 위한 동시를 품은 컬러링과 Q&A

나는 이런거 하고 논다

김윤정 **지음**

엠아이 북스

머릿말

🍂

알파고가 이세돌 9단을 이겼을 때 충격이 컸나요?
문득 문득 어릴 적 음식과 놀이가 그리운가요?

원하든 원하지 않든
우리는 어른이 되었습니다.
어른다운 어른은 아직 아니지만
하여간 나이를 꽤 먹었습니다.

이렇게 나이 먹은 사람들에게
놀잇감 하나 보태준답시고
이런 책을 만들어 봤습니다.
드론 띄우는 것도 관심 없고
인형 만들기도 귀찮은 당신에게
이 책이 필요할 수도 있으니까요.

허접하지만 이 책을 바칩니다.

아직 어른이기를 거부하는 당신에게
이제 막 어른답게 성장하는 당신에게
늘 바쁘지만 한편 늘 외로운 당신에게
그다지 안녕하지 못한 당신에게
스스로에게 가장 야박한 당신에게

목 차

컬러링

때로는 선명하게 때로는 어렴풋이

나이 들수록 새록새록 떠오르는

옛 추억이 있나요?

천방지축 어릴 적에 뭐 하면서 놀았나요?

오늘의 나를 있게 한 그때 그 시절로

잠시 돌아가 볼 시간을 드립니다.

그 시절의 아이를 다시 만나서

고무줄놀이도 하고 봉숭아물도 들여 보세요.

고무줄놀이

보물
(노래 / 자전거 탄 풍경)

술래잡기 고무줄놀이

말뚝박기 망까기 말타기

놀다 보면 하루는 너무나 짧아

노래하랴 고무줄 타랴 너무 숨이 차.
"이 강산 침노하는 왜적 무리를 거북선 앞세우고 무찌르셨네."
앗, 다리가 짧아서 줄에 걸렸네.
괜찮아 어차피 난 깍두기니까.

입학식 풍경

아저씨, 사진 좀 빨리 찍어요!
자꾸만 콧물이 나온다고요.
손수건을 달아 봤자 소용 없어요.
꽃샘추위 심술보가 더 세니까요.

가방도 사고 공책도 사고 옷도 샀어요.
빨리 가서 짜장면 먹고 싶은데
아저씨는 자꾸만 사진을 찍네요.

금 넘어오지 마

야, 금 넘어오면 다 내꺼야.
흥, 넌 팔꿈치 넘어왔는데 어쩔래?
저리 비켜!
싫어! 내 책상이야!

으앙! 선생님, 짝꿍 바꿔 주세요!
얘가 혼자 책상 다 써요!

야, 너 때문에 손들고 벌 받게 됐잖아!
너 때문이지 왜 나 때문이야!

흥! 내일 아침 내가
다시 금 그을 테다.

불량 식품은 맛있어

국자를 태우다가 혼났으니까
오늘은 달고나를 사 먹어야지.
조심조심 별 모양을 잘 뽑아야 해..

이런, 별도 하트도 다 부서졌잖아.
에잇! 시원한 냉차나 마셔야겠다.
친구 놈 쫀드기도 뺏어 먹을래.

몰래 보는 만화책
몰래 먹는 불량식품
엄마 몰래 하는 건 더 재미있지.

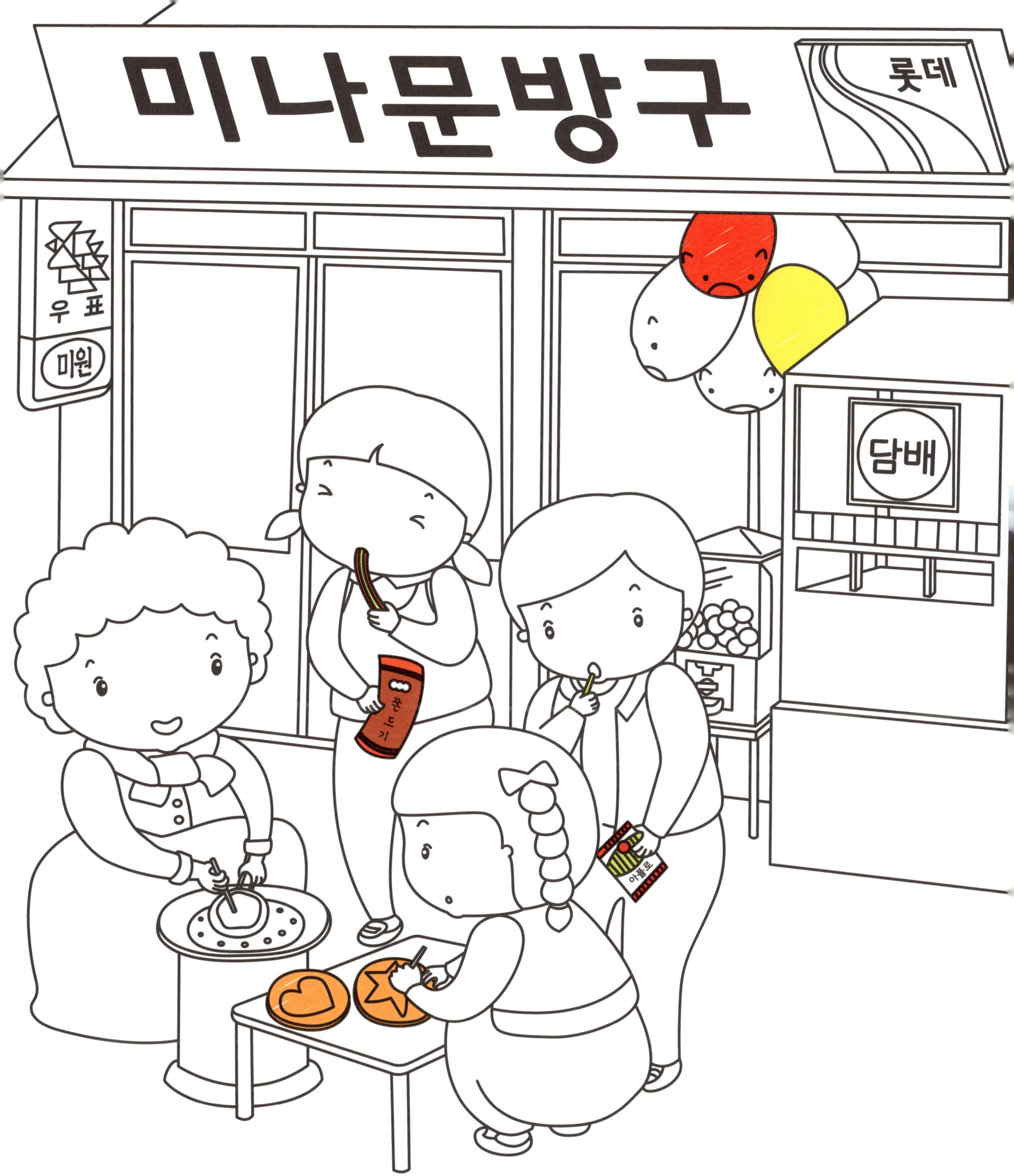
미나문방구
롯데
우표
미원
담배
쫀드기
아폴로

종이 인형과 바비 인형

미안해 이제 너와 안녕.
오늘부터 얘랑 놀기로 했어.
얘는 머리도 묶어줄 수 있고 목욕도 시켜 줄 수 있거든.
나도 크면 얘처럼 예쁜 여자가 될 거야.

종이 인형을 밀어내고 여자 아이들의 절대적인 우상이자 친구가 된 바비 인형은 1959년 미국 장난감 회사 '마텔'의 사장이 딸 이름을 따서 만든 인형이다. 3차원 입체 놀이를 할 수 있는 바비 인형은 선풍적인 인기를 모았으며 1988년에는 '한국 바비'도 나왔다.
늘씬하고 예쁜 백인 여성을 모델로 했던 바비의 외모에도 큰 변화가 일어나 최근에는 키가 작은 바비, 피부가 검은 바비, 통통한 바비 등 다양하고 현실적인 외모를 갖춘 바비 인형이 출시됐다.

무궁화 꽃이 피었습니다

무궁화 꽃이 피었습니다
무궁화 꽃이 피었습니다

아우 깜짝이야 가슴이 콩닥콩닥.
갑자기 멈춰 서는 건 정말 어려워.
술래랑 눈 마주치지 말아야지.
어떡해! 움직이면 안 되는데
자꾸만 흔들리는 이놈의 다리.

태극기

건곤감리...
어디가 네 개고 어디가 다섯 갠지
작대기가 정말 헷갈려요.

빨간색이 빨갱이가 아니라구요?
아, 태극무늬 있어서 태극기구나.

태극기는 1883년(고종 20) 조선의 국기로 제정되었으며 1949년 10월 15일 대한민국 국기로
공포되었다.
흰색 바탕은 밝음과 순수, 전통적으로 평화를 사랑하는 민족성을 상징하고 태극문양은 음과
양의 조화를 상징한다. 건곤감리 4괘는 음과 양이 서로 변화 · 발전하는 모습을 효(爻)의
조합을 통해 구체화한 것인데 건은 우주만물 중에서 하늘을, 곤은 땅을, 감은 물을, 이는
불을 각각 상징한다.

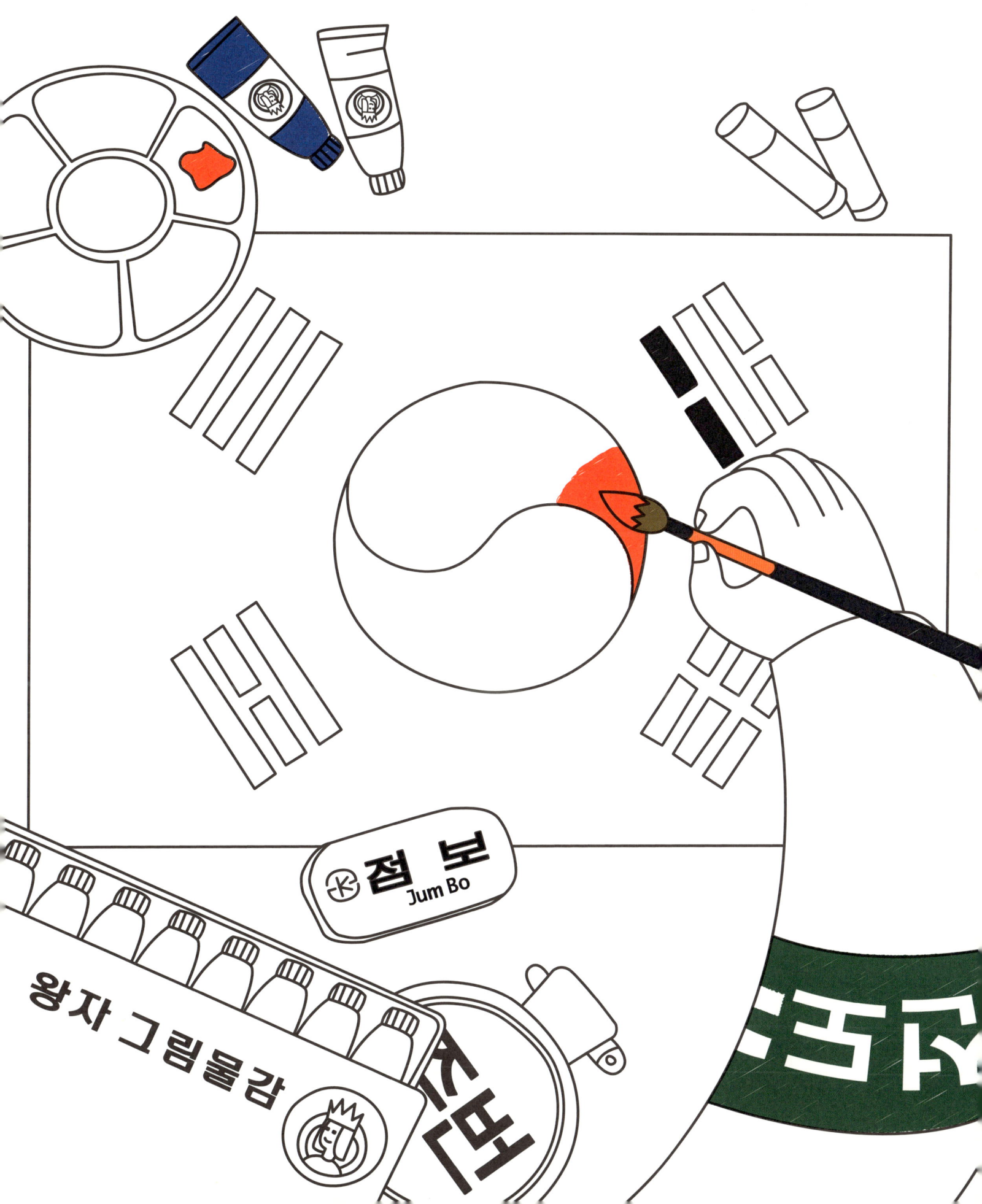

점 보
Jum Bo

왕자 그림물감

오락실 풍경

오빠는 매일매일 갤로그만 해요.
나는 테트리스가 더 재미있는데.

어떡해! 용돈이 벌써 없어졌어요.
아빠 구두 반짝반짝 닦고
할아버지 어깨도 주물러야지.

오락실에서 우리 만난 거
엄마한테는 비밀!

할아버지 환갑잔치

할아버지, 건강하게 오래오래 사세요!
매일 잔치 하면 정말 좋겠다.
친척들이 용돈을 주시니까요.
맛있는 음식도 진짜 많고요.

할머니 얼굴이 무서워졌어요.
기생 춤추고 할아버지 춤추고.
할아버지 웃으실 때
할머니는 눈 흘겨요.

말 태워 주세요

반가운 아저씨가 또 왔어요.
수레에 목마를 잔뜩 태우고
신나는 노래도 함께 싣고 왔지요.
친구들 얼굴이 오르락내리락.

아저씨, 여기 50원이요.
어머나! 나 말고 동생이 탈 건데요!
음악 소리 시끄러워 안 들리나 봐.
서러워서 엉엉 우는 내 동생.

봉숭아물을 들여요

봉숭아물 들이느라 붕대를 감았어요.
조금만 참으면 언니 손톱처럼 곱게 물들겠지?

첫눈 올 때까지 손톱에 남아 있으면
사랑하는 사람이 꼭 생긴대요.

아빠가 있는데 엄마는 왜 봉숭아물 들였을까?

오빠도 해 달라고 떼를 쓰네요.
새끼손톱에 붕대 감고 웃는 오빠.
이제부터 언니라고 불러줘야지.

운동회

얘들아! 더 크게 응원해야 돼.
우리 청군이 이기고 있어.

"따르릉 따르릉 전화 왔어요. 백군이 이겼다고 전화 왔어요.
 아니야 아니야 그건 거짓말. 청군이 이겼다고 전화 왔어요."

사전이랑 공책이랑 우리가 다 탈 거야!
청군 이겨라! 청군 이겨라!

목도 아프고 배도 고프네요.
아까 먹던 김밥 또 먹고 싶어요.

불조심 포스터

꺼진 불도 다시 보자
자나 깨나 불조심

선생님, 얘가 저랑 똑같이 해요!

흥, 바꾸면 되잖아.

담뱃불도 다시 보자
피우나 안 피우나 불조심

자나깨나 불조심
꺼진불도 다시보자

김장하던 날

다라니 가득 쌓인 빠알간 배추김치.
김장하랴 점심 차리랴
하루 종일 엄마는 정신이 없어요.

아줌마, 배추쌈 하나 싸 주세요.
쩝쩝.
작은 엄마, 굴 많이 넣고 크게 싸 주세요.
쩝쩝.
매운데도 또 먹고 싶은 우리 집 배추쌈.

연탄불 가는 엄마

연탄 한 장
(안도현)

또 다른 말도 많고 많지만
삶이란
나 아닌 그 누구에게
기꺼이 연탄 한 장 되는 것

(중략)

매일 따스한 밥과 국물 퍼먹으면서도 몰랐네
온 몸으로 사랑하고 나면
한 덩이 재로 쓸쓸하게 남는 게 두려워
여태껏 나는 그 누구에게 연탄 한 장도 되지 못하였네

연탄불 갈 때마다 허리 숙이는 엄마.
연탄불이 꺼지면 엄마 얼굴 주름지고
연탄불이 활활 타면 엄마 얼굴 빨개져요.
엄마, 연탄불에 달고나 해 먹어도 돼요?
이크! 연탄집게로 맞기 전에 걸음아 날 살려라.

눈 내리는 날

눈

(작사 / 미상 , 작곡 / 박재훈)

펄펄 눈이 옵니다

바람 타고 눈이 옵니다

하늘나라 선녀님들이

송이송이 하얀 솜을

자꾸자꾸 뿌려 줍니다

차가운 눈 한 줌 집어 먹으면 아우 맛있어!
눈싸움에 벙어리장갑이 다 젖었어요.
귀여운 눈사람도 만들었지만
하얀 발자국이 더 예쁘네요.
엄마, 눈사람을 냉동실에 넣어 주세요.

처음 입는 교복

엄마, 내 치마만 너무 길단 말이야!
시끄러워. 삼 년 동안 입으려면 커야 한다고.

아, 단발머리에 교복이라니
아무리 쳐다봐도 어색해 미치겠네.

여자들아 제발 돌아보지 마.
사나이 울리는 빡빡머리 보여주기 싫구나.

내가 바로 패션 스타

어때? 소피 마르소처럼 보이지?
수학여행 가서 장기자랑 할 건데
이 정도는 입어줘야지.
와! 우리 언니 청자켓이 너무 멋져요

1980년대 유행했던 패션은 일명 청청 패션. 데님 자켓에 데님 바지를 입는 게 자연스러웠고
오버 사이즈의 통 넓은 바지와 디즈니 등 캐릭터 티셔츠를 즐겨 입었다. 어깨를 부풀린 파워
숄더와 허리를 강조하는 넓은 벨트도 유행이었다.
남자들 중에는 도끼빗을 뒷주머니에 꽂고 다니거나 워크맨에 헤드셋을 걸고 다니는 사람이
많았다. 한편 스포티룩도 유행이어서 남녀 모두에게 점퍼 스타일과 운동화가 사랑받았다.

리복 / 내복

얘들아, 잘 봐라!
나도 이종원처럼 할 수 있다고.
너라는 의자를 멋지게 넘어뜨려 주마.

"리복" 하고 말해야 하는데 아이고 다리야!
오늘은 의자가 후져서 안 되는 거라구.

이놈들이 교실 청소 하다 말고 뭐 하는 짓이야!

집에 오니 할아버지도 절뚝절뚝.
할머니는 냅다 소리를 질러요.
영감탱이야! 곱게 늙어야지!
왜 의자 위에 올라가 내복을 찾는담!

가왕 조용필

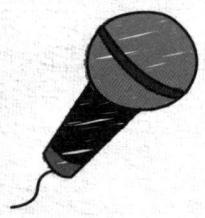

"그 언젠가 나를 위해 꽃다발을 전해주던 그 소녀.
 오늘따라 왜 이렇게 그 소녀가 보고 싶을까"
조용필 아저씨가 또 1위를 했어요.

엄마가 말했어요. "세상에! 열창하는 것 좀 봐"
언니가 말했어요. "용필 오빠랑 결혼할거야"
아빠도 말했어요. "나도 단발머리 그 소녀 보고 싶다"

Q & A

어느 덧 어른이 되어 버린

또는 어른이 되어 가는

나 자신과

솔직하게 주고받는

서른 가지 질문과 답

1

최근 1년 동안 내가 한 일 중에서 가장 잘했다고 생각되는 일은?
(없다면 살면서 가장 잘한 일은?)

In my case :

내가 잘한 일이라면
딸 하나 아들 하나를 낳은 것입니다.
때로는 가슴이 너무 아파 켜켜이 멍이 들었지만
나를 엄마로 만들고 어른으로 만드는
나의 가장 소중한 보물입니다.

또 잘한 게 있는지 굳이 찾는다면
어렸을 때 책을 많이 읽은 것입니다.
책을 통해서 이야기를 통해서
시간과 공간을 초월해 다양한 인물을 만났고
간접적으로나마 다양한 사건을 경험하면서
꿈을 꿀 수도 있었고 공감할 수도 있었지요.

때로는 책으로 알게 된 얕은 지식을 자랑하고
때로는 이야기를 만들지 못하는 재능 없음에 탄식하며
때로는 책 속의 인물과 사랑에 빠졌지요.

책을 읽었던 경험은 어른이 되어 가는 나에게 힘을 주었습니다.
훗날 대학에서 연극 동아리 활동을 하는 시절에도
별별 다양한 인간 군상을 맞닥뜨리며 직장생활을 하는 시절에도.
그리고
함께 책을 읽고 습작하던 친구는 평생 친구가 돼 주었습니다.
평생 친구가 언젠가 힘들어서 하소연하는 나에게
이렇게 약을 올렸지요.
"꼴값은 아무나 하냐... 그게 일명 얼굴값이야. 니 얼굴 쯤 돼?"

참고로 이 친구는 서울 사람입니다.

How about you?

(분명 잘한 게 하나쯤은 있으니 뿌듯한 마음으로 써 보세요.)

2

내가 원래 되고 싶었던 것은?
(만일 되지 못했다면 그 이유는 뭘까요?)

In my case :

나는
배우가 되고 싶었습니다.
그런데 배우는 배가 고프다고 해서
진입로 초입에서 발길을 돌렸습니다.

또 나는
작가가 되고 싶었습니다.
그런데 작가는 뼈를 깎는 고통을 이겨내야 한다고 해서
뼈대가 약함을 인정하며 펜을 놓았습니다.

어이없게도 나는
조폭 우두머리가 되고 싶었습니다.
그런데 싸움도 못하고 겁도 많아서
상상 속에서만 나를 두목으로 임명했습니다.

그리고 또 나는
현모양처 워킹맘 커리어우먼이 되고 싶었나 봅니다.
그런데 너무 게을러서 그리고
지는 게 이기는 것임을 미처 깨닫지 못해서
여전히 헤매고 있나 봅니다.

How about you?

(혹시 모르죠. 원인을 알면 이제라도 꿈을 이루게 될지 누가 알겠어요.)

3

제일 좋아하거나 삶에 영향을 미친 영화는?

In my case :

'바람과 함께 사라지다'
중 그때 학교에서 단체 관람을 많이 갔었지요.
벤허, 종군수첩, 초대받은 사람들 등등
다른 영화들을 본 후에는 별다른 충격이 없었습니다.

그런데
'바람과 함께 사라지다'
이 영화를 보고 집에 돌아오던 날을 지금도 잊지 못합니다.
대문을 들어섰지만 현관문을 열지 못하고
마당의 작은 벤치에 앉아
한동안 망연자실 허공을 바라보던 교복 차림의 여중생은
모든 것을 잃은 스칼렛 오하라를 똑같이 느끼고 있었지요.
내일은 내일의 해가 뜰 거라고 중얼거리지만
남북전쟁보다 더 큰 공포와 고독에 비틀거렸을 스칼렛.

아마 그때 이런 망상을 시작했었나 봐요.
그래 배우가 되어야지 하고 말입니다.
어때요? 사춘기 소녀답지요?

How about you?

(공포 영화나 에로 영화도 상관없으니까 적어 보세요.)

4

내가 힘들 때 나를 도와주거나 진심어린 조언을 해 줄 사람은?

In my case :

업무적, 정서적 면에서 격려해 주고 조언해 줄 사람은 꽤 많네요.
그런데 기꺼이 도움 주고 같이 아파해 줄 사람이 많다 해도
내 쪽에서 먼저 도움을 청하기가 더 어려울 수도 있을 것 같네요.
상대방은 그렇지 않은데
나 혼자 자존심 상해하거나 마음을 열지 못하기도 하니까요.
특히 경제적인 지원이 필요할 때는
누구나 정말 막막하겠죠?
관계가 틀어질까 봐 동정 받을까 봐 혼자 끙끙 앓겠지요.

이러면 어떨까요?
반대로 내가 물심양면으로 도와주고 싶은 사람은 누구인지 떠올려 보는 거예요.
물론 내 마음과 상대의 마음이 늘 똑같지는 않겠지만.

이런 방법도 있어요.
나한테 투자할 안목을 지닌 사람, 사람을 볼 줄 아는 사람
그런 사람을 찾아내면 되지 않을까요?

혹시 못 찾았더라도 자책하지는 마세요.
내가 그동안 잘못 살았나 하는 생각도 하지 마세요.
이제부터 내 상품 가치를 높이면 되니까요.

How about you?

(획 스쳐간 사람까지 다 떠올려 보세요. 두 개 이상 체크하면 성공한 인생이에요.)

☐ 가족 및 친척 ....

☐ 상담 전문가 또는 정신과 의사 ....

☐ 친구 ....

☐ 연인 ....

☐ 동료 ....

☐ 선후배 ....

☐ 스승 ....

☐ 이웃 사람 ....

☐ 유명인 ....

☐ 기타 :

....

....

....

....

....

....

....

....

5

내가 정말 좋아하고 잘할 수 있는 일은?

In my case :

좋아하는 일과 잘하는 일이 같다면 정말 축복이겠죠.
그런데 현실에서는 이 두 가지가 일치하지 않는 경우도 많죠.

내가 좋아하는 것과 잘하는 것이 뭐였더라?

우선 좋아하는 것은
책 읽기, 좋은 사람들과 함께 맛있는 것 먹기,
공연 보기, (공연물, 기획안 등) 창작물 만들기,
역사 공부하기, 외국어 공부하기...

그럼 잘하는 것은
분석하고 정리하기, 발표하기, 중재하기, 약속 지키기,
아닌 척 하기, (시아버님께만) 귀여운 척 하기,
대책 없이 저지르기, 재빠르게 포기하기,
아닌 척 하면서 다른 사람 비판하기...

어휴. 나라는 사람 대체 왜 이런가요?

How about you?

(아마 이게 제일 어려운 질문일 테지만 그래도 생각해 보세요.)

6

걸어가는 사람을 넘어지게 하는 건 큰 산이 아니라 작은 돌멩이라고
하지요. 내 꿈을 이루기 위해 극복해야 할 것은 무엇인가요?

In my case :

첫째는 의심이 아닐까요? '내가 뭐 되겠어?' 하는 생각.
스스로의 능력을 과소평가하고
믿지 못하는 마음 때문에 망설이다가
시작도 못하는 경우가 저한테도 많았거든요.

둘째는 게으름인 것 같아요. 피곤하다, 시간이 없다, 돈이 없다, 외모가 안 된다,
학벌이 부족하다 등등 너무 많은 핑계를 대며 다음으로 미루는 거죠.

셋째는 자신이 속한 사회의 문화와 규범도 이유가 되겠지요.
가족 구성원으로서 사회 구성원으로서 막중한 책임을 지고 있기에
개인의 꿈을 포기하거나 나중으로 미룰 수밖에 없는 경우도 많지요.
예전의 파독 광부와 간호사들, 버스 안내양만 떠올려도 짐작이 되잖아요.

넷째는 질병, 장애 등 신체적 조건 때문에 꿈을 포기하거나 바꾸거나
미루거나 하는 경우도 있지요. 난관을 극복하고 어렵게 꿈을 이뤄서 감동을 주는
사람들도 있지만 누구나 다 그렇게 되지는 않으니까요. 제 지인도 후천적으로
시력을 잃고 점자를 배웠지만 동화 작가가 되는 꿈을 실현하는 데
걸리는 시간이 더 많이 필요하게 됐지요.

밤잠을 못자서 병에 걸리더라도
가족과 등지더라도
연인과 이별하더라도
생명의 위협을 받더라도
꿈을 꼭 이뤄야 한다고 생각하나요?
그렇다면 어떤 어려움이 있더라도 극복해야겠지요.

How about you?

(남들의 평가 말고 본인만 알고 있는 이유를 써 보세요.)

7

만일 누군가에게 상상만으로 복수한다면 어떤 상상을 해야
속이 시원한가요?

In my case :

복수의 대상이 남자인지 여자인지 가족인지 남인지에 따라 다르겠죠.
죽이고 싶을 정도로 증오하는 사람인지 그냥 잠깐 얄미운 사람인지에
따라서도 다르고요.

저는 이런 상상을 해 봤어요.
멋, 낭만, 예술을 숭상하는 사람인데 뭘 입어도 촌스럽게, 뭘 해도 바보처럼
보이는 거죠. 게다가 그 사람 머리카락이 다 빠지고 팍삭 늙어서 사람들
앞에 못 나서게 되는 그런 고통을 추가했어요.

또 이런 상상도 해 봤어요.
저한테 비참함 또는 질투심 또는 짜증을 안겨 준 사람들이 제 지시대로
다 따르는 거죠.
물론 제가 모욕을 주는데도 계속 저한테 사정하면서 자신들의 재능과 돈을
모두 바치는 그런 상황도 추가했지요.

또 이런 건 어때요?
나의 원수가 미각을 잃어서 모든 음식이 맛없게 느껴지는 벌을 주는 거예요.
아니면 반대로 뭐든지 다 맛있어서 엄청 뚱뚱해지는 거죠.

그리고
정말 나쁜 사람
남의 아이디어와 노력을 가로채고
화려한 인맥에 기대어 거만하기 그지없는 사람도
상상과 현실에서 벌을 받아야 하지요.

너무 유치한가요?
아무리 상상이라도 피비린내 나는 끔찍한 일은 하지 마시길...

How about you?

(미운 인간 딱 세 명만 떠올려서 상상으로만 즐겨 보세요.)

8

가슴 한 쪽을 짓누르는 돌멩이가 있다면 무엇일까요?

In my case :

누구에게나 남모르는 고민과 한, 상처가 있게 마련이지요.
자식 걱정, 부모 걱정, 돈 걱정, 실연, 실패, 출생의 비밀 등등.
웃고 떠들다가도 그 생각만 하면 먹먹하고 가슴이 미어지는
그런 응어리들...
찰싹 달라붙어서 떠나지 않는 응어리들과 다시 마주해 볼까요.

하나.
시부모님, 친정 부모님이 다 살아 계시는데 네 분 다 편찮으십니다.
날로 야위어가고 약해지는 분들을 지켜보노라면 착잡하기 그지없죠.
'안타깝지만 내 삶이 더 중요해' 하며 돌아설 때마다
노인의 외로운 그림자가 내 뒤로 깔리는 것만 같습니다.

하나.
부모보다 더 각별했던 할아버지의 임종을 지키지 못했습니다.
같은 집에서 살고 있었음에도 하필이면 그날 아침
늦어서 인사를 못 드리고 출근했는데 오후에 돌아가셨죠.

하나.
꿈을 향해 3년 동안 한 길만 달리던 딸이
이제는 그 꿈을 꾸지 않는다고 했습니다. 이제는 싫다고...
다시 새로운 꿈을 꾸며 앞으로 나아가겠지만
상처투성이로 꿈을 접은 딸은 나의 아픈 손가락입니다.

하나.
밖에서는 사교성이 좋은데 집에 있을 때는 별로 웃지 않는 아들 녀석...
직장생활 한답시고 여섯 살까지 할머니 손에 자라게 해서일까 하며
쓸데없는 자책을 하게 만드는
나의 두 번째 아픈 손가락입니다.

How about you?

(그 무거운 돌멩이를 여기에 잠시라도 내려 놔 보세요.)

9

아무리 애를 써도 가질 수 없는 것과 잘 이별하는 방법은?

In my case :

이솝 우화에 보면 포도를 따 먹으려고 안간힘을 쓰다가
결국에는 포기하면서
"저 포도는 분명히 시고 맛없을 거야." 하고 돌아서는 여우가 나오지요.
무척이나 갈망하던 것을 단념할 때
분한 마음에 여우처럼 갈망하던 것을 깎아내리면
스스로가 더 비참할 것 같아요.

나 역시 오랜 시간 분노와 슬픔에 휩싸여 어찌할 바를 몰랐지만
눈물을 삼키고 가슴에 묻는 길을 택했습니다.
왜? 살아야 하니까요.
지금도 힘들지만 '어른답고 싶은 내'가 바라는 것은
감당하기 벅차서 내려놓은 사람에 대해
빛나던 꿈에 대해
그리고 나 자신에 대해
변치 않는 애정과 미안함을 간직하며 사는 거죠.
미움과 후회와 저주가 아니라
내 삶을 가끔씩 반짝거리게 하는 별이 되어
결국은 길을 잃지 않도록 채찍질하는 그런 이별입니다.

때로는 친구 때로는 동생인 희영이가
이제 시력을 완전히 잃게 될 거라는 통보를 받은 후
뒤늦게 알고 애통해하는 나한테 이런 문자를 보냈습니다.
'언니야 나는 이제 깨달았어.
이미 잠긴 문 앞에서 문고리를 두들겨 봤자 소용없다는 걸.
다른 문을 찾아볼 거야.'

How about you?

(어쩔 수 없이 놓아야 할 사람, 꿈, 물건에 대해서...)

☐ 나한테 더 어울리는 대상을 찾는다

☐ 좀 더 쉽게 가질 수 있는 것을 찾는다

☐ 일단 단념하지만 후일을 도모해 반드시 되찾는다

☐ 가질 수 없는 나의 무능함을 한탄한 후 잊어버린다

☐ 남도 못 가지게 방해한다

☐ 별 것 아니었다고 깎아내리고 무시한다

☐ 아쉬움과 그리움을 승화시켜 다른 에너지로 전환한다

☐ 기타 :

10

나는 언제 가장 설레거나 행복한가?

In my case :

나는 이제
새해 아침 오들오들 떨면서 해돋이를 기다릴 때
별로 설레지 않습니다.
잘생기고 섹시한 남자를 마주쳤을 때도
거의 설레지 않습니다.
어쩌다 백화점에 갈 때도
전혀 설레지 않습니다.

새로운 친구를 알게 됐을 때
나의 장점을 깨달았을 때
현관문을 열고 들어오는 가족의 얼굴이 환할 때
나는 꽤 많이 기분이 좋습니다.

그리고 이제
새로운 일을 꾸밀 때
나는 설레어 밤새도록 뒤척거립니다.
좋은 생각이 떠올랐을 때
나는 비로소 행복합니다.
이 세상의 무수한 명언과 미사여구를 뚫고
단 한 줄의 글이 가슴에 와 닿을 때
나는 설레어 다시 시작합니다.

How about you?

(언제 설레나요? 언제 행복한가요?)

☐ 칭찬 받거나 인정을 받았을 때

☐ 자꾸 생각나는 이성과 드디어 연락하게 됐을 때

☐ 주문한 택배가 왔을 때

☐ 새로운 음식을 맛보게 됐을 때

☐ 여행길에 나설 때

☐ 프로포즈를 할 때 또는 받을 때

☐ 아기가 태어났을 때

☐ 평소 좋아하던 유명인을 만났을 때

☐ 사람들 앞에서 공연하거나 발표할 때

☐ 그림이나 작곡, 발명, 영업 등 일에 몰두할 때

☐ 거울에 비친 내 모습이 멋져 보일 때

☐ 멋진 상대와 섹스를 할 때

☐ 기타 :

11

부끄럽거나 스스로에게 실망했던 적이 있나요?

In my case :

어렸을 때 할아버지께서 방 하나를 세를 놓았는데
부엌도 딸린 그 방은 주인이 1년 미만으로 바뀌곤 했습니다.
어느 날 젊은 언니 셋이 그 방에 들었습니다.
그녀들은 어린 나를 귀여워했고 종종 나를 방으로 들였는데
어느 날 화장대에 있는 백 원짜리 동전을 보고 홀딱 반해서
그만 내 바지 주머니에 넣고 말았습니다.
그 당시 백 원은 사이다 한 병 살 수 있는 정도.
그녀들은 고민 끝에 엄마한테 이 사실을 알렸지요.
혹시 도벽이 생길까 봐 걱정했나 봅니다.

고등학교 불어 시간.
프랑스 유학까지 다녀오신 선생님이 어느 날 물으셨죠.
스탕달의 '적과 흑'을 읽은 사람?
다른 책을 얼른 읽고 싶어 대충 읽었지만
지기 싫은 마음에 나도 손을 들었답니다.
근데 하필 나한테 질문하실 줄이야...
'적'과 '흑'이 상징하는 게 뭐지?
순간 나는 얼음처럼 굳어져서 대답도 못 하고
거짓말이 들통 났을 때처럼 얼굴만 달아올랐지요.

반짝거리는 동전이 예뻐서 슬쩍 훔쳤던 꼬마는
그리고 문학소녀 대열에 끼고 싶어서 아는척 하던 여고생은
나이 들고 세상 풍파에 시달리면서
사랑이라는 미명 아래, 생존 전략이라는 핑계 아래
수많은 잘못과 실수를 저질렀습니다.
가족들에게도 동료들에게도 이웃들에게도 친구들에게도
그리고 나 자신에게도.

How about you?

(고해성사나 양심 고백처럼 거창한 게 아니니까 그냥 써 보세요.)

12

좋아하는 또는 예전에 즐겨 듣던 클래식 음악이 있나요?

In my case :

내가 고등학교, 대학교를 다니던 시절에는
가요와 팝송도 많이 들었지만 클래식 음악 애호가도 참 많았습니다.
전축 위에 LP판을 올리고 판 위로 바늘을 내려놓으면
서울 한복판에 있던 내가 잘츠부르크나 뮌헨의 어느 거리에서
미친 듯 마차를 몰며 연인에게 향하는 느낌마저 들었지요.

누군가를 위해 몇 시간씩 음악을 녹음해서 선물하던 기억이 있나요?
카세트 테이프가 CD로 바뀌고 CD는 다시 MP3에 밀려났지만
LP판은 지금도 찾는 사람이 많다고 하지요.

내가 제일 좋아하는 곡은
모차르트의 피아노협주곡 21번입니다.
화려한 기교로 귀를 사로잡는가 싶더니
감미로우면서도 애처로운 선율이 마음을 파고듭니다.
2악장 안단테는 영화 '엘비라 마디간'의 삽입곡으로도 유명하지요.

무소르그스키의 전람회의 그림, 쇼팽의 야상곡 등등
고뇌하는 청춘을 채워 준 수많은 클래식 곡들이 있었기에
우리네 청춘은 방황 속에서도 빛나지 않았을까요.
물론 중년에 다시 들어도 위안이 되는 명곡들입니다.

How about you?
(선물하거나 받은 음악도 많죠? 떠오르는 선율에 기억을 맡겨 보세요.)

13

죽기 전에 꼭 해 보고 싶은 게 있다면 무엇인가요?

In my case :

나는 죽기 전에 가족과 함께
캐나다 곳곳을 가고 싶습니다.
예전에 회사 연수로 3주 동안 머물던 나라.
막내 이모가 이민 가서 40년 동안 사시던 나라.
내 아이들이 한 달 동안 홈스테이를 하고 온 나라.
그 중에서도 딸을 마치 친딸처럼 돌봐준 제니퍼를
꼭 만나서 인사를 하고 싶습니다.
우연인지 몰라도 내 영문 이름 역시 제니퍼랍니다.
그 다음에는
나한테 한국어를 배운 학생들의 고향을 그들과 함께 가고 싶습니다.
베트남, 중국, 러시아, 일본, 필리핀, 네팔, 캄보디아, 대만에 말이지요.

또 있어요.
죽기 전에 연극을 한 편 무대 위에 올리고 싶습니다.
연출을 맡든 연기를 하든
인공지능은 알 수 없는 진솔한 이야기를 털어 놓으며
사랑들과 소통하고 싶습니다.
그리고
나의 이런저런 치부마저 드러낼 수 있는 용기와
세상을 따뜻하게 바라볼 수 있는 관대함과
지치지 않는 상상력의 열정을 갖춘다면
재미있는 이야기를 쓰고 싶습니다.

How about you?
(많이 체크해도 괜찮아요. 모두 이루어지기 바랍니다.)

☐ 사랑하는 사람을 찾는다

☐ 마음에 드는 집을 사거나 직접 짓는다

☐ 미루던 여행을 실행에 옮긴다

☐ 작품을 완성하거나 꿈을 이룬다

☐ 재능을 기부하거나 봉사활동을 한다

☐ 국내외 맛집을 최대한 많이 가 본다

☐ 번지점프를 하거나 무서운 놀이기구를 타 본다

☐ 멋지게 리마인드 웨딩을 치른다

☐ 하와이든 시골이든 새로운 곳에 가서 산다

☐ 통일 한국에서 자유롭게 왕래하며 살아 본다

☐ 자식이 행복하게 사는 것을 지켜 본다

☐ 손주를 안아 본다

☐ 성형외과나 피부과 시술을 받아 본다

☐ (사람이든 로봇이든 동물이든) 절친을 만든다

☐ 기타 :

14

나의 죽음을 미리 알게 된다면 무엇 때문에 슬플까요?

In my case :

살면서 죽고 싶다는 생각을 한 번도 안 한 사람이 있을까요?
언제부턴가 대한민국은 자살률 1위 국가라는 불명예를 달고 있고
자살을 시도하는 사람들도 많은 게 안타까운 현실입니다.

죽고 싶든 아니든 간에
만약 내가 언제 어디서 어떻게 죽게 될지 미리 알게 된다면
마음속에 어떤 지진이 일어날까요?
두려울까요?
화가 날까요?
누리지 못한 게 많아서 서러울까요?
아무 일도 아니라는 듯 담담할 수 있을까요?

내가 눈을 감는 순간을 상상해 봅니다.
너무 아프지 말았으면
너무 추하지 말았으면
후회가 많지 않았으면
누군지 몰라도 너무 슬퍼하지 않았으면
하고 어느 이름 모를 신에게 부탁해 봅니다.

How about you?

(살 수 있게 허락된 시간들을 염두에 두고 체크해 보세요.)

☐ 남겨질 사람들의 슬픔과 고통을 생각하니 너무 슬프다 ....

☐ 사람들이 차츰 나를 잊을까 봐 서럽다 ....

☐ 꿈을 이루지 못하고 가서 원통하다 ....

☐ 좋아하는 것들과 헤어져서 안타깝다 ....

☐ 맛있는 음식들을 못 먹게 돼서 속상하다 ....

☐ 고생 끝나고 이제야 살 만한데 죽으라니 억울하다 ....

☐ 소중한 사람들에게 못 해준 게 많아서 미안하다 ....

☐ 내가 죽었다는 것조차 인식하지 못 할까 봐 무섭다 ....

☐ 지켜줘야 할 사람 곁을 떠나는 게 몹시 걱정 된다 ....

☐ 기타 :

....

....

....

....

....

....

15

국가 사회나 타인을 위해 한 일이 있나요?

In my case :

예전에
7년 간 다니던 직장을 그만두고
동료와 마지막 점심을 먹은 후 나는 이런 얘기를 했습니다.
고속도로 만들고 원전을 짓고 터널을 뚫은 사람들은
얼마나 힘들었을까.
"나는 이 나라를 위해 한 일이 없는 것 같아요."
그러자 동료는 픽 웃으며 이렇게 위로했죠.
"열심히 일해서 세금 팍팍 내고 살았는데
그리고 애를 둘이나 낳아서 가르치고 있는데
그만하면 충분히 애국자라니까요!"

어릴 때부터 세뇌 당해서 그럴까요?
거친 물살을 버티며 싸웠던 이순신 장군을 생각하면
모진 고문을 받으면서도 꿈을 꾸었던 독립 운동가들을 떠올리면
지금도 가슴이 울컥하며 눈물이 나네요.

결혼이민자들한테 한국어를 가르치면서 깨달았지요.
내 자신보다 남을 더 배려하는 게 얼마나 비현실적인지
나보다 나라를 더 생각하는 게 얼마나 어려운지 말이죠.
그러나 한 가지 분명한 건
한 사람 한 사람이 행복하면 그 나라도 행복하다는 것입니다.
그리고 나라가 불행하면 국민 역시 행복할 수 없고요.

이런 말 들어 보셨죠?
내가 하면 로맨스, 남이 하면 불륜
내가 하면 선물, 남이 하면 뇌물
내가 직접 정치를 하면 잘할 수 있을까 생각해 봅시다.

How about you?
(보수냐 진보냐 따지지 말고 가슴에게 물어 보세요.)

16

기억에 남거나 좋아하는 TV 광고가 있나요?

In my case :

요즘 내게 경종을 울린 광고는 맥주 광고인데요
"아무것도 하지 않으면 아무 일도 일어나지 않아." 하고
도전을 주문하는 카피가 나옵니다.
우리네 결심이 맥주 거품처럼 항상 신선하게 살아있고
맥주 한 잔 들이킬 때마다 열정도 한 잔씩 들이키면 좋으련만
안주와 함께 나를 씹고 세상을 씹기만 한 건 아닌지...
혹시 실패하면 후회할까 봐 창피할까 봐 욕먹을까 봐
시작도 못한 것들이 많지 않나요?

마흔을 넘겼을 때 왠지 인생 다 산 기분이었죠.
오히려 쉰을 바라보자니 해야 할 것들이 보입니다.
불혹이면 어떻고 지천명이면 어떻습니까.
어차피 죽는 순간까지도 인생은 미지수인데...

문득 문득
내가 괜한 짓을 하고 있나 하는 의심이 들 때마다
이렇게 곱씹어 봅니다.

아무것도 하지 않으면 아무 일도 일어나지 않아.

How about you?

(인상적인 광고를 두 개 이상 써 보세요.)

17

지금 나한테 꼭 필요한 사람은 누구인가요?

In my case :

무인도에서 평생 혼자 지내다 죽는 게 아니라면
누구나 혼자 살아갈 수는 없겠지요.
사랑, 지혜, 지식, 기술, 물건 등등
다른 사람들과 주고받아야 할 게 너무 많으니까요.

세 살이든 여든 살이든 사람이라면
사랑 받고 싶고 관심 받고 싶고
쓸모 있는 인간이고 싶습니다.
"I love you. I need you."라고
직접적으로 말해주는 사람은 없더라도
누군가를 필요로 하고
누군가에게 필요한 사람이 되고 싶지요.

지금 나에게 필요한 사람은
나를 웃게 하고
나를 인정해 주고 믿어 주고 응원해 주는
긍정의 아이콘입니다.
당근과 채찍으로 내 영혼을 사로잡는
그런 사람이 있다면
세상에서 제일 아름다운 감시자가 아닐까요.

How about you?

(정말 당신한테 꼭 필요한 대상을 골라 보세요.)

- ☐ 나만 사랑해 줄 사람 ....
- ☐ 따뜻한 정과 위로를 줄 사람 ....
- ☐ 냉철하고 현실적인 조언을 해 줄 사람 ....
- ☐ 웃음과 재미를 줄 사람 ....
- ☐ 돈을 투자해 줄 사람 ....
- ☐ 결혼할 사람 ....
- ☐ 권력이나 명예를 안겨 줄 사람 ....
- ☐ 함께 일할 동료 ....
- ☐ 나를 이해해 줄 소울 메이트 ....
- ☐ 가르침을 줄 수 있는 선생님 ....
- ☐ (출산이든 입양이든) 내 자식 ....
- ☐ 허준 선생처럼 인품과 의술이 뛰어난 의사 ....
- ☐ 맛과 영양이 뛰어난 음식을 해 줄 사람 ....
- ☐ 기타 :

....

....

....

....

....

18

울적할 때 위안을 주는 시나 노래가 있나요?

In my case :

나는 '불후의 명곡'이라는 프로그램을 즐겨 봅니다.
부모 세대가 듣던 노래들을 자식 세대가 새롭게 해석해서
세대를 아우르는 노래로 감동을 주기 때문이죠.
아이돌 가수가 예전 노래를 리메이크하는 경우가 많은 걸 보면
확실히 80년대, 90년대 가요들이 좋다고 봐야겠지요.
어디 가요뿐인가요.
아름다운 가곡과 시가 얼마나 많은지...
단순한 복고 열풍과 애국심을 넘어
윤동주 시인의 삶이 다시 화두가 되고 있는 것처럼 말이지요.

서정주 시인의 '푸르른 날'은 어떤가요?

눈이 부시게 푸르른 날은
그리운 사람을 그리워하자

저기 저기 저 가을 꽃자리
초록이 지쳐 단풍 드는데

눈이 내리면 어이 하리야
봄이 또 오면 어이 하리야

내가 죽고서 네가 산다면
네가 죽고서 내가 산다면

눈이 부시게 푸르른 날은
그리운 사람을 그리워하자

How about you?

(인간만이 시를 노래한답니다. 당신의 애창곡을 불러 보세요.)

19

스스로를 격려하거나 세뇌시킬 때 사용하는 방법이 있나요?

In my case :

살다 보면 힘들거나 기운 빠질 때가 참 많지요.
그럴 때 어떻게 해서 다시 용기를 내고 기운을 내고 있나요?
어떤 사람은 여행이나 휴식으로
어떤 사람은 차분하게 계획서를 쓰면서
어떤 사람은 소중한 사람을 떠올리며
다시 일어서지요.

나는 과거 더 힘들었던 일을 생각합니다.
그때도 견뎠는데 그때도 이겨냈는데 하면서
내가 겨우 이 따위 일로 무너질 사람이 아니지 하고
반복해서 독백을 하지요.
딱히 종교가 있는 것도 아니고
나한테 수호천사가 있을 거라는 귀여운 믿음도 없기에
오직 믿을 건 나 자신밖에 없는 거죠.
나의 인격, 나의 양심, 나의 의지를 믿었습니다.
아니 믿으려고 무지 노력한 거라고 봐야겠지요.

그래도 계속 자신감이 안 생기거나
일이 뜻대로 안 될 때는 어떻게 하냐구요?
뭘 잘못했나 뭐가 부족했나 다시 돌아본 후
다시 도전할 때도 있지만
아직은 때가 아닌가 보다 하면서 다음을 기약합니다.
희망이라는 약 처방이 필요한 순간이죠.

How about you?

(이 중에서 잘 고르면 당신의 비법이 하나 더 생길 수도 있어요.)

☐ "넌 잘 될 거야. 넌 할 수 있어." 하고 격려하던 부모님을 떠올린다 ....

☐ 라이벌이나 방해꾼을 생각하며 투지를 불태운다 ....

☐ 맛있는 음식을 먹으며 기분을 전환한다 ....

☐ 영화나 그림, 음악, 문학 작품을 감상하며 정화한다 ....

☐ 이 위기를 극복한 후의 모습을 상상한다 ....

☐ 친구나 연인에게 조언과 위로를 받는다 ....

☐ 전성기 시절의 기억을 떠올린다 ....

☐ 청소나 서랍 정리를 하면서 생각을 정리한다 ....

☐ 암벽 등반, 번지 점프 등 강도가 센 신체 활동으로 자신감을 찾는다 ....

☐ 화장을 하든 이발을 하든 외모를 단장하며 기운을 낸다 ....

☐ 긍정적인 생각을 많이 한 후 푹 잔다 ....

☐ 기타 : ....

....

....

....

....

....

20

첫사랑이 궁금해도 만나지 않는 이유는 뭘까요?

In my case :

대부분의 사람들은 사는 게 바빠서
첫사랑에 대한 기억을 잊고 살기 마련입니다.
그러다가 어느 순간 문득
첫사랑이 궁금해지거나 보고 싶어질 때가 있지요.
영화 속 주인공처럼 평생 첫사랑을 그리워한다거나
첫사랑에 모든 것을 건다거나 하지는 않지만
우리네 기억 저 편에는 아련한 추억이 죽지 않고 남아 있다가
어떤 일을 계기로 모락모락 추억의 파편들이 되살아나거나
우연히 첫사랑과 마주치기도 하지요.

나는 박인희의 노래에 수긍할 수 없습니다.

지금 그 사람 이름은 잊었지만
그 눈동자 입술은 내 가슴에 있네

이름은 생각나는데 얼굴은 가물가물합니다.
이렇게 잘 기억나지 않는 얼굴을 다시 만나서
서로의 노후를 축복해주는 것도 좋겠지만
희미함 속에서도 아름다운 청춘으로 기억되고 싶습니다.
굳이 피천득의 '인연'에 나오는 아사코가 아니더라도
그 사람은 나의 젊은 시절을 사랑한 거니까요.
만나고 헤어지는 게
필연인지 우연인지 모르겠지만
이별한 데에는 이유가 있지 않을까요?

How about you?
(첫사랑의 기억이 감사한가요 아니면 원망스럽나요?)

21

누군가를 용서할 경우 나한테 좋은 점은 뭘까요?

In my case :

끓어오르는 분노를 참지 못해
사회적 물의를 일으키거나 범죄를 저지르는 일들이
세계적으로 점점 늘어나고 있습니다.

나 역시 분노에서 자유롭지 못합니다.
가족, 친구, 동료, 이웃, 국가 사회 심지어 날씨에게도
종종 분노의 감정을 느낍니다.
누구나 자기 자신을 지극히 상식적이고 선량하며 우아하다고 생각하기에
그 평정심과 리듬이 깨지고 천박하게 분노하는 자신을 마주하면
원인 제공자에 대한 증오심과 억울함이 솟아나는 거죠.
그런 상황에서 상대를 용서하기란 쉽지 않습니다.

그렇지만 하루라도 더 시간을 두고 생각하면
부족한 인격과 판단력을 가진 상대가 불쌍하게 여겨져서
차츰 용서하게 됩니다.
분노가 나를 망칠 것이라는 것을 인정하면
나를 위해 분노를 버리게 됩니다.
나는 소중하니까요.
나는 상대보다 한 수 높으니까요.

물론 사랑하는 사람이나 가장 소중한 것을 잃었을 때는
용서란 성인군자에게나 가능한 일로 보입니다.
그런데 파리 테러가 일어난 날 아내를 잃은 남자는 이렇게 말했지요.
"그들에게는 내 분노를 주는 것조차 아깝다.
나는 아들과 함께 보란 듯이 잘 사는 것으로 복수하겠다."

How about you?

(어떤 용서를 했는지 아니면 하고 싶은지 써 보세요.)

22

당신은 흙수저인가요?

In my case :

갑질 논란이 끊이지 않더니
이어서 금수저 흙수저를 운운하면서
신분 차이를 비관하는 젊은이들이 많다고 합니다.
부러움의 대상인 서울대생조차
본인이 흙수저라며 자살을 했지요.
그런가 하면 어떤 청년은
비록 흙수저로 불릴지언정
힘들게 키워주신 부모님께 정말 감사하다고 했고요.

당신은 스스로를 흙수저라고 생각하나요?

나는 굳이 나누자면
금수저도 아니고 은수저도 아닙니다만
흙수저도 아니라고 생각합니다.
사랑과 희생으로 나를 키워주신 부모님이 있고
나를 인정해 준 선생님과 친구들이 있고
나이를 먹어도 나를 키워주는 꿈이 있으니까요.

물론 가끔은 금수저를 물고 태어난 사람들이 부럽기도 하지요.
그러나 명품으로 온몸을 다 휘감고
어마어마한 부를 누리는 사람들이라고 해서
반드시 행복한 것은 아닙니다.
행복의 조건을 좀 더 가졌을 뿐입니다.

수저 대신
세상을 바라보는 눈동자를
금동자로 바꿔보세요.

How about you?

(갑질을 많이 했나요, 갑질을 주로 당했나요?)

23

당신을 웃게 만드는 것은 무엇인가요?

In my case :

1. 개그 프로그램이나 코미디 영화

2. 뜻밖의 선물이나 친절

3. 반려 동물

4. 통장 잔액

5. 귀여운 아이들

6. 아름다운 경치

7. 맛있는 음식이나 술

8. 사랑하는 사람

9. 성취감

10. 엉뚱한 대답이나 반응

11. 연예인 화보

12. 가끔 멋져 보이는 내 모습

나는 이 열두 가지 모두 골랐습니다.
앗, 한 가지를 빼야 하네요.
통장 잔액은 나를 슬프게 합니다.

How about you?
(당연히 중복 체크 가능합니다.)

☐ 개그 프로그램이나 코미디 영화 ....

☐ 뜻밖의 선물이나 친절 ....

☐ 반려 동물 ....

☐ 통장 잔액 ....

☐ 귀여운 아이들 ....

☐ 아름다운 경치 ....

☐ 맛있는 음식이나 술 ....

☐ 사랑하는 사람 ....

☐ 성취감 ....

☐ 엉뚱한 대답이나 반응 ....

☐ 연예인 화보 ....

☐ 가끔 멋져 보이는 내 모습 ....

☐ 기타 :

....

....

....

....

....

24

사랑한다는 말을 들으면 왜 눈물이 날까요?

In my case :

너무 기쁠 때 우는 사람 많죠?
사랑한다는 말을 듣고 우는 것도 너무 기뻐서일까요?

예전에 어떤 사람이 사랑한다고 말했을 때
행복해서 가슴이 뛰었습니다.
또 어떤 사람이 나를 바라볼 때 그 눈이 장작불처럼 이글거리면서도 젖어 있어서
나는 마음이 아팠습니다.

우리 아들이 여섯 살 때
함께 봄꽃이 만발한 공원에 갔는데 이름 모를 작은 꽃잎을 내 손에 쥐어 주더니
"사랑해요." 하고 속삭이고는 쑥스러운 듯 어디론가 사라졌지요.
시댁에 맡겨 키울 때라서 아들 녀석의 고백에 울컥 눈물이 솟았습니다.
지금도 아들한테 서운하거나 화날 때면
그때 그 장면을 떠올리며 참는답니다.

얼마 전에는
외출하던 딸이 현관에서
"엄마 내가 사랑하는 거 알지?" 하고 말했는데
금방이라도 울 것 같은 그 목소리에 내 눈에도 금세 눈물이 고였습니다.
무척 여린 딸 녀석이 평생 단단하게 살기를 바라며
나는 이미 나가고 없는 딸한테 대답했습니다.
나도 널 사랑한단다.
그리고 간절히 원한단다.
엄마를 사랑하지 않아도 좋으니
제발 독하게 살렴.

How about you?

(사랑하기에 슬픔을 아는 당신, 언제 누구 때문에 울었나요?)

25

받은 선물 중에서 특이하거나 특별한 것은 무엇인가요?

In my case :

우리는 살면서 수많은 선물을 주고받습니다.
감동적인 선물, 재미있는 선물, 비싼 선물도 있지만
때로는 충격적인 선물, 받기 싫은 선물도 있지요.

나는 남편으로부터 선물을 많이 받았습니다.
결혼한 지 20년이 넘었으니 생일과 결혼기념일만 따져도
제법 많은 선물이 오갈 수밖에요.

한 10년 전 쯤의 생일이었는데
회사에서 골치 아픈 일로 타부서와 회의를 하고 자리에 오자
택배가 와 있었습니다.
남편이 보낸 거였는데 글쎄 뜯어보니 담배 한 갑이 들어 있지 뭐예요.
짜증나서 휙 던졌다가 나중에 자세히 봤더니
담배 한 개비마다 글씨가 있었습니다.
행복해지는 약, 건강해지는 약...
이런 식으로 스무 개의 글귀가 보이고
담배 안에는 만 원짜리가 돌돌 말린 채 들어 있었습니다.
속을 일일이 다 털어내고 지폐를 넣은 것이었어요.

또 이런 선물도 받았습니다.
아내에게 주는 감사장, 휴지를 뽑자 줄줄이 따라 나오는 지폐와 편지,
조기 매운탕과 감자전 같은 직접 만든 음식들...

무뚝뚝해서 고맙다는 표현은 잘 못했지만 남편 때문에 화가 치밀어 오를 때면
정성이 들어간 그 선물들을 떠올리며 용서합니다.

자기야 정신 차려!
사랑과 믿음의 잔고가 얼마 안 남았다고요!

How about you?

(어떤 선물이 가장 기억에 남는지 어떤 선물이 가장 소중한지 써 보세요.)

26

살면서 가장 맛있게 먹은 음식은 무엇인가요?

In my case :

많은 남자들이 군대에서 먹던 라면이 제일 맛있었다고 합니다.
살아온 날들과 경험이 저마다 다르듯
가장 맛있는 음식에 대한 기억도 사람마다 다르겠지요.

내 경우
어릴 적 엄마가 빚은 만두가 제일 맛있었다고 기억합니다.
엄마가 설을 앞두고 짬 날 때마다 만들어서 미리 삶아 놓으면
나는 괜히 부엌에 드나들며 하나씩 훔쳐 먹곤 했지요.
나도 만두 만드는 걸 거들었다고 자위하면서 말이지요.
연말이면 온가족이 둘러 앉아
각 방송사의 연기 대상과 가요 대상을 보며
두세 시간씩 만두를 빚곤 했는데
손재주 없는 내 만두는 엄마한테 퇴짜를 맞곤 했습니다.
물론 엄마와 동네 아주머니들의 수고로 만들어지고
항아리에서 알맞게 숙성된 김장 김치가 만두 맛의 일등 공신이지요.
엄마가 손목이 시큰할 정도로 달걀 거품을 내고
설탕과 우유, 밀가루를 섞어 전기 오븐에 구운 스폰지 케이크 역시
크림 옷을 입지 않아 더 맛있었지요.

그리고
첫아이 임신하고 입덧이 심하던 여름날
먹지 못한 나는 체중이 겨우 37 킬로그램밖에 되지 않았는데
시골 고모 댁에 가서 장작으로 구운 삼겹살과 옥수수를
그야말로 폭풍 흡입하고서야 살 것 같았습니다.
시골의 맑은 공기와 큰고모 부부의 조카 사랑이
맛깔스런 양념 역할을 한 것이겠지요?

How about you?
(언제 누구와 함께 먹은 음식이 가장 맛있었나요?)

27

세상에서 가장 존경하는 사람은 누구인가요?

In my case :

예전에 영어 학습지 회사에서
지국장을 맡고 있을 때였습니다.
나는 막 그 지국에 새로 부임한 지국장인 반면
방문 수업 교사들은 터줏대감들이었는데
가장 나이 어린 교사가 최고참이었습니다.
그 교사와 전략적으로 친해져야 하는데
이런저런 일로 자꾸만 틀어지기만 했지요.

어느 날 아침 교육 시간에
자기소개를 하는 시간을 가졌습니다.
차례가 돌아오자 그녀는 담담하게 이야기를 시작했는데
가장 존경하는 사람이 부모님이라고 했습니다.
포장마차를 하며 밝게 웃는 분들이라고 말이지요.
순간 저는 뜨끔했습니다.
그때까지도 부모님을 존경한 적이 거의 없었거든요.
그 시간 이후로 나는 그녀에게 호감을 갖게 됐고
그녀도 차츰 제 오른팔이 되어 열심히 일했습니다.

세상에 이름을 남기지 않았고 아무도 기억하는 이 없지만
묵묵히 자신의 본분을 다하고
나아가 다른 사람과 나라를 위해 희생한 사람들이
얼마나 많을까요?
그분들에게 부족하나마 존경과 감사를 표합니다.

How about you?
(존경하는 사람이 유명한 사람인가요, 이름 모를 사람인가요?)

28

요행이나 기적을 바란 적이 있나요?

In my case :

살면서 한 번쯤은 사게 된다는,
누군가에게는 일주일의 행복을 선사한다는 로또 복권.
나도 몇 번 사 봤는데 물론 당첨되지 않았습니다.
그럼 신데렐라 이야기는 어떤가요?
드라마를 보면 남녀 주인공이 가난하든 아이가 있든
능력 있고 멋진 사람들이 사랑한다며 몰려들죠.
우리는 언제나 사랑을 갈구하기에
대리만족을 하면서 열심히 드라마를 챙겨봅니다.

로또 말고도 신데렐라 말고도 우리가 꿈꾸는 달콤한 것들.
요행이라고도 불리고 기적이라고도 불리는 그것들에 관한 고백입니다.
불가능한 줄 알면서도 내가 간절히 바라는 것들이지요.

- 우리 딸과 아들이 평생 재미있고 당당하고 건강하게 살면 좋겠습니다.
- 뼈와 가죽만 남은 친정 엄마가 남들처럼 밥과 김치를 드실 수 있게 되면
  좋겠습니다. 치아와 잇몸이 좋아져서 지금보다 잘 드시면 체중 30kg 돌파가
  가능하겠지요.
- 폐암 투병중인 시아버님께서 거뜬히 병을 이겨내고 지금까지처럼 며느리와
  농담도 주고받고 식사도 잘 하시면 좋겠습니다. 어머님과 친정 아빠도 지팡이
  없이 걸으시면 좋겠네요.
- 우리 가족 모두 아름다운 몸매를 가지면 좋겠습니다.
- 작년에 시력을 잃은 친구가 다시 시력을 찾으면 좋겠습니다.
- 이 세상 모든 언어를 모국어처럼 할 줄 알면 좋겠습니다.
- 더 이상 늙지 않고 오히려 젊어지면 좋겠습니다.
- 스스로 학습하고 판단하는 인공지능이 늘어나더라도 창조와 열정은
  인간의 몫으로 영원히 남으면 좋겠습니다.
- 내가 원하는 한 지점으로 돌아가 삶을 다시 시작할 수 있다면 어떨까요?

How about you?

(당신이 꿈꾸는 기적과 요행은 무엇인가요?)

29

죽기 전에 반드시 해결해야 할 일이 있나요?

In my case :

요즘에는 가상 장례 체험 프로그램이라는 게 있어서
지나온 삶과 앞으로의 삶을 진지하게 생각해 볼 수도 있고
자신의 장례식을 지켜보며 망자의 기분을 미리 느껴볼 수도 있습니다.
우리는 언제 죽을지 알 수 없지만
사람이기에 삶을 정리할 시간이 필요합니다.
만약 한두 달 정도만 살 수 있다는 통보를 받게 된다면
되도록 남에게 폐를 끼치지 않고 이 세상을 떠나기 위해
어떤 것들을 준비하거나 처리해야 할까요?
가족과 지인들에게는 준비할 시간을 얼마나 줘야 할까요?

1. 미처 완성하지 못한 일을 어떻게 처리하고 누구에게 넘길 것인지 정한다

2. 재산과 빚을 정리한다 (기부를 할 것인지 자식이나 배우자에게 물려줄
   것인지 결정해서 관련 서류를 준비한다)

3. 뇌사 판정을 받을 경우 장기 기부를 하겠다는 뜻을 명문화 한다

4. 평소 하고 싶었으나 못 해 본 일들을 한다
   (여행, 봉사활동, 연애, 용서, 기부, 창작 등)

5. 제사상을 어떻게 차려주면 좋을지에 대해 유언을 남긴다

6. 필요 없는 감정들과 물건들을 나눠주거나 버린다

7. 영정 사진을 준비한다

8. 누구에게 부고를 알릴 것인지 명단을 작성한다

9. 화장인지 수목장인지 매장인지 미리 결정해 유언을 남긴다

내 경우라면 이 아홉 가지를 다 하고 싶습니다.
와, 죽기 직전이 더 바쁘겠는데요.

How about you?

year .... month .... day

(임종을 맞이해 어떤 일이 중요한가요? 이번에도 중복 체크 가능합니다.)

☐ 미처 완성하지 못한 일을 어떻게 처리하고 누구에게 넘길 것인지 정한다 ....

☐ 재산과 빚을 정리한다
   (기부를 할 것인지 자식이나 배우자에게 물려줄 것인지 결정해서
   관련 서류를 준비한다) ....

☐ 뇌사 판정을 받을 경우 장기 기부를 하겠다는 뜻을 명문화 한다 ....

☐ 평소 하고 싶었으나 못 해 본 일들을 한다
   (여행, 봉사활동, 연애, 용서, 기부, 창작 등) ....

☐ 제사상을 어떻게 차려주면 좋을지에 대해 유언을 남긴다 ....

☐ 필요 없는 감정들과 물건들을 나눠주거나 버린다 ....

☐ 영정 사진을 준비한다 ....

☐ 누구에게 부고를 알릴 것인지 명단을 작성한다 ....

☐ 화장인지 수목장인지 매장인지 미리 결정해 유언을 남긴다 ....

☐ 기타 :

....

....

....

....

....

....

30

'열정'이란 무엇인가요? 당신에게는 '열정'이 있나요?

In my case :

국어사전에서 정의한 '열정'은 다음과 같습니다.
'어떤 일에 열렬한 애정을 가지고 열중하는 마음'
한 마디로 '뜨거운 마음'이네요.

열정만으로 성공을 이루거나 행복해지는 건 아니지만
열정이 없으면 행복하지 않습니다.
내가 살아 있음을 실감나게 해 주고
나의 존재 가치를 일깨워주는 열정.
이런 열정의 에너지는 안타깝게도
아주 가끔씩만 와서 잠깐을 머물다 가 버리죠.
눈부시게 아름답지만 너무나 짧은 봄날처럼.

열정은 청춘의 전유물일까요?
대학과 취직을 위해 시험공부하고 사랑에 아파하더라도
다시 청춘으로 돌아가고 싶은가요?
무엇이든 다 할 수 있는 게 청춘이라지만
열정이 있다면 나이를 먹어도 많은 것을 할 수 있습니다.

열정과 친한 녀석들은
정열, 도전, 열망, 끈기입니다.
하나 더 추가하자면 열정의 친구는 아름다움입니다.
열정이 없는 사람은 아름답지 않습니다.
그래서 나는 집 나간 열정을 찾으려고
오늘도 열심히 가출 신고를 하러 다닙니다.

How about you?

(어떤 열정을 품고 있나요? 어떤 열정을 갖고 싶은가요?)

어느새 어른이 되어버린 당신을 위한 놀이!
어린시절 추억의 당신과 앞으로의 당신에게 선물합니다!